맨발

맨발

문 태 준 시 집

창비

차 례

제1부

비가 오려 할 때 010
짧은 낮잠 011
한 호흡 012
팽나무 식구 013
모닥불 014
햇차를 끓이다가 016
산수유나무의 농사 017
밤과 고둥 018
앵두나무와 붉은 벌레들 019
어두워지는 순간 020
그림자와 나무 022
저녁에 대해 여럿이 말하다 023
봄날 쓰다 024
봉숭아 026
황새의 멈추어진 발걸음 027
따오기 028
여울 029
맨발 030
뜨락 위 한 켤레 신발 032
살구꽃은 어느새 푸른 살구 열매를 맺고 033

제2부

가죽나무를 사랑하였다　036
반딧불이에게　037
하늘궁전　038
개복숭아나무　039
동천(東天)　040
와글와글와글와글　041
화령 고모　042
우물이 있던 자리　043
봄날 지나쳐간 산집　044
큰물이 나가셨다　046
붉은 동백　047
흰 자두꽃　048
산모롱이 저편　049
꽃과 사랑　050
배꽃 고운 길　051
장대비 멎은 소읍　052
은못이 마을에서　053
나무다리 위에서　056
당신이 죽어나가는 길을 내가 떠메고　057
맷돌　058

옛 집터에서 059

제3부

꽃 진 자리에 062
팥배나무 063
유천(流川) 064
탱자나무 흰 꽃 066
다방에서 대낮에 부는 눈보라를 보았다 067
역전 이발 068
저녁에 섬을 보다 070
혀 071
중심이라고 믿었던 게 어느날 074
그믐이라 불리던 그녀 076
강을 건너가는 꽃잎처럼 077
묵언(默言) 078
여름밭 079
연인들 080
대나무숲이 있는 뒤란 081
동구(洞口) 082
나는 심장을 바치러 온다 083
저물어가는 강마을에서 084

뻘 같은 그리움 085

해설 | 이희중 086
시인의 말 102

제1부

비가 오려 할 때

비가 오려 할 때
그녀가 손등으로 눈을 꾹 눌러 닦아 울려고 할 때
바람의 살들이 청보리밭을 술렁이게 할 때
소심한 공중인처럼 굴던 까만 염소가 멀리서 이끌려 돌아올 때
절름발이 학수형님이 비료를 지고 열무밭으로 나갈 때
먼저 온 빗방울들이 개울물 위에 둥근 우산을 펼 때

짧은 낮잠

낮잠에서 깨어나면
나는 꽃을 보내고 남은 나무가 된다

혼(魂)이 이렇게 하루에도 몇번
낯선 곳에 혼자 남겨질 때가 있으니

오늘도 뒷걸음 뒷걸음치는 겁 많은 노루꿈을 꾸었다

꿈은, 멀어져가는 낮꿈은
친정 왔다 돌아가는 눈물 많은 누이 같다

낮잠에서 깨어나 나는 찬물로 입을 한번 헹구고
주먹을 꼭 쥐어보며 아득히 먼 넝쿨에 산다는 산꿩 우는 소리 듣는다

오후는 속이 빈 나무처럼 서 있다

한 호흡

꽃이 피고 지는 그 사이를
한 호흡이라 부르자
제 몸을 울려 꽃을 피워내고
피어난 꽃은 한번 더 울려
꽃잎을 떨어뜨려버리는 그 사이를
한 호흡이라 부르자
꽃나무에게도 뻘처럼 펼쳐진 허파가 있어
썰물이 왔다가 가버리는 한 호흡
바람에 차르르 키를 한번 흔들어 보이는 한 호흡
예순 갑자를 돌아나온 아버지처럼
그 홍역 같은 삶을 한 호흡이라 부르자

팽나무 식구

작은 언덕에 사방으로 열린 집이 있었다
낮에 흩어졌던 새들이 큰 팽나무에 날아와 앉았다
한놈 한놈 한곳을 향해 웅크려 있다
일제히 응시하는 것들은 구슬프고 무섭다
가난한 애비를 둔 식구들처럼
무리에는 볼이 튼 어린 새도 있었다
어두워지자 팽나무가 제 식구들을 데리고 사라졌다

모닥불

비질하다 되돌아본
마당 저켠 하늘

벌떼가 뭉텅, 뭉텅
이사 간다

어릴 때
기름집에서 보았던
깻묵 한덩어리, 혹은

누구의 큰 손에 들려 옮겨지는
둥근 항아리들

서리 내리기 전
시루와 솥을 떼어
하늘이불로 둘둘 말아

밭두렁길을 지나
휘몰아쳐가는
이사여,

아, 하늘을 지피며 옮겨가는
따사로운 모닥불!

햇차를 끓이다가
서시(序詩)

 멀리 해남 대흥사 한 스님이 등기로 부쳐온 햇차 한 봉지
 물을 달여 햇차를 끓이다 생각한다
 누가 나에게 이런 간곡한 사연을 들으라는 것인가
 마르고 뒤틀린 찻잎들이 차나무의 햇잎들로 막 피어나는 것이었다
 소곤거리면서 젖고 푸른 눈썹들을 보여주는 것이었다

산수유나무의 농사

산수유나무가 노란 꽃을 터트리고 있다
산수유나무는 그늘도 노랗다
마음의 그늘이 옥말려든다고 불평하는 사람들은 보아라
나무는 그늘을 그냥 드리우는 게 아니다
그늘 또한 나무의 한해 농사
산수유나무가 그늘 농사를 짓고 있다
꽃은 하늘에 피우지만 그늘은 땅에서 넓어진다
산수유나무가 농부처럼 농사를 짓고 있다
끌어모으면 벌써 노란 좁쌀 다섯 되 무게의 그늘이다

밤과 고둥

밤하늘 별들이 떼처럼 많다

고둥들이 푸른 바닥을 움직이어 간다

물이 출렁인다는 뜻일까

딱딱한 등짝이 말랐다 젖었다 한다

민물처럼 선한 꿈을 꾸는 깊은 밤

고둥들이 다닥다닥 돌에 올라선다

앵두나무와 붉은 벌레들

앵두나무 가지 위로는 한쪽이 트인 달이 떴다
앵두나무 가지에 사는 붉은 벌레들을 오늘 밤에도 만났다
누구일까
늙은 앵두나무에 이렇게
다투는 허공을 담을 줄 안 이는

어두워지는 순간

 어두워지는 순간에는 사람도 있고 돌도 있고 풀도 있고 흙덩이도 있고 꽃도 있어서 다 기록할 수 없네
 어두워지는 것은 바람이 불고 불어와서 문에 문구멍을 내는 것보다 더 오래여서 기록할 수 없네
 어두워지는 것은 하늘에 누군가 있어 버무린다는 느낌,
 오래오래 전의 시간과 방금의 시간과 지금의 시간을 버무린다는 느낌,
 사람과 돌과 풀과 흙덩이와 꽃을 한사발에 넣어 부드럽게 때로 억세게 버무린다는 느낌,
 어두워지는 것은 그래서 까무룩하게 잊었던 게 살아나고 구중중하던 게 빛깔을 잊어버리는 아주 황홀한 것,
 오늘은 어머니가 서당골로 산미나리를 얻으러 간 사이 어두워지려 하는데
 어두워지려는 때에는 개도 있고, 멧새도 있고, 아카시아 흰 꽃도 있고, 호미도 있고, 마당에 서 있는 나도 있고…… 그 모든 게 있어서 나는 기록할 수 없네
 개는 늑대처럼 오래 울고, 멧새는 여울처럼 울고, 아카

시아 흰 꽃은 쌀밥덩어리처럼 매달려 있고, 호미는 밭에서 돌아와 감나무 가지에 걸려 있고, 마당에 선 나는 죽은 갈치처럼 어디에라도 영원히 눕고 싶고…… 그 모든 게 달리 있어서 나는 기록할 수 없네

개는 다른 개의 배에서 머무르다 태어나서 성장하다 지금은 새끼를 밴 개이고, 멧새는 좁쌀처럼 울다가 조약돌처럼 울다가 지금은 여울처럼 우는 멧새이고, 아카시아 흰 꽃은 여러 날 찬밥을 푹 쪄서 흰 천에 쏟아놓은 아카시아 흰 꽃이고…… 그 모든 게 이력이 있어서 나는 기록할 수 없네

오늘은 어머니가 서당골로 산미나리를 베러 간 사이 어두워지려 하는데

이상하지, 오늘은 어머니가 이것들을 다 버무려서

서당골에서 내려오면서 개도 멧새도 아카시아 흰 꽃도 호미도 마당에 선 나도 한사발에 넣고 다 버무려서, 그 모든 시간들도 한꺼번에 다 버무려서

어머니가 옆구리에 산미나리를 쩌 안고 집으로 돌아왔을 때 세상이 다 어두워졌네

그림자와 나무

갈참나무의 그림자들이 비탈로 쏟아지고 있다
저 검고 지루한 주름들은 나무 속에서 흘러나왔다

내 몸속에서 겨울 문틈에 흔들리던 호롱불이 흘러나오고, 깻잎처럼 몸을 포개고 울던 누이가 흘러나오고, 한켠이 캄캄하게 비어 있던 들마루가 흘러나오고……

오후 4시는 그래서 나에게 아주 슬픈 시간이다

저녁에 대해 여럿이 말하다

세상 한곳 한곳 하나 하나가 저녁에 대해 말하다

까마귀는 하늘이 길을 꾹꾹 눌러 대밭에 앉는다고 운다

노란 감꽃 핀 감잎은 등이 무거워졌다고 말한다

암내 난 들고양이는 우는 아가 소리를 업고 집채의 그늘을 짚으며 돌아나간다

나는 대청에 소 눈망울만한 알전구를 켜 어둠의 귀를 터준다

들에서 돌아온 아버지는 찬물에 발을 씻으며 검게 입을 다물었다

봄날 쓰다

그대 없는 물가에
얕은 데 물가에
너른 너른 모래톱 흰 모래에
새들
오종종하게 논다
홀리듯 어지러이 논다
잘 놀면 노는 데
염증이 없다
그대 없는 물가에 또 때〔時〕는 와
악기처럼
솟고 무너지는 음(音)으로
버들 같은 새들이

푸른 냉이
  칠년 된 푸른 냉이가 가늘고 긴 뿌리를 봄마당에 내놓았다

마른 둠벙의 물고기처럼 서서히 애처로운,
수탉 같은 봄햇살이 냉이를 쪼고 쫀다

찔레 넝쿨에게
찔레 넝쿨에게 오늘 바질바질한 참새떼가
찔레야! 찔레야! 실눈 좀 떠다오, 한다

나비 가듯이
나비가 꽃 따먹으러 가듯이 가고 싶은 곳
나비가 주물럭 주물럭거리며 날아가네
젖무덤처럼 물컹물컹한 당신의 고운 품

봉숭아
다현(茶顯)에게

봉숭아라는 이름
조그만 복숭아뼈 같지
오늘 낮에는
여섯살 딸이
화단의 봉숭아꽃을 보고 있다
홍안을 들여다보고 있다
쪼그려 앉은 두 발목이 붉다
발목에서부터 붉은 물이 번지고 있다
한 종이가 사각사각 젖고 있다
여섯살은 아무래도 무른 몸
무릎이 젖고 작은 어깨가 젖는데
뼈에에 울지도 않는다

황새의 멈추어진 발걸음

무논에 써레가 지나간 다음 흙물이 제 몸을 가라앉히는 동안
그는 한 생각이 일었다 사라지는 풍경을 본다
한 획 필체로 우레와 침묵 사이에 그는 있다

따오기

논배미에서 산그림자를 딛고 서서
꿈쩍도 않는
늙은 따오기
늙은 따오기의 몸에 깊은 생각이 머물다 지나가는 것이 보입니다
어느날 내가 빈 못을 오도카니 바라보았듯이
쓸쓸함이 머물다 가는 모습은 저런 것일까요
산그림자가 서서히 따오기의 발목을 흥건하게 적시는 저녁이었습니다

여울

 축축한 돌멩이를 만나 에돌아 에돌아나가는, 물이 흘러가는 소리를 들어라
 문득 멈추어 돌이끼로 핀, 물이 그리워하는 소리를 들어라
 사랑하는 이여, 처음도 끝도 없는 이 여울이 나는 좋아라
 혀가 굳고 말이 엇갈리는 지독한 사랑이 좋아라
 손아귀에 움켜쥐면 소리조차 없는, 메마른 물의 얼굴이어도 좋아라

맨발

  어물전 개조개 한마리가 움막 같은 몸 바깥으로 맨발을 내밀어 보이고 있다
  죽은 부처가 슬피 우는 제자를 위해 관 밖으로 잠깐 발을 내밀어 보이듯이 맨발을 내밀어 보이고 있다
  펄과 물속에 오래 담겨 있어 부르튼 맨발
  내가 조문하듯 그 맨발을 건드리자 개조개는
  최초의 궁리인 듯 가장 오래하는 궁리인 듯 천천히 발을 거두어갔다
  저 속도로 시간도 길도 흘러왔을 것이다
  누군가를 만나러 가고 또 헤어져서는 저렇게 천천히 돌아왔을 것이다
  늘 맨발이었을 것이다
  사랑을 잃고서는 새가 부리를 가슴에 묻고 밤을 견디듯이 맨발을 가슴에 묻고 슬픔을 견디었으리라
  아— 하고 집이 울 때
  부르튼 맨발로 양식을 탁발하러 거리로 나왔을 것이다
  맨발로 하루 종일 길거리에 나섰다가

가난의 냄새가 벌벌벌 풍기는 움막 같은 집으로 돌아오면
　아— 하고 울던 것들이 배를 채워
　저렇게 캄캄하게 울음도 멎었으리라

뜨락 위 한 켤레 신발

어두워지는 저녁에 뜨락 위 한 켤레 신발을 바라본다
언젠가 누이가 해종일 뒤뜰 그늘에 말리던 고사리 같다
굵은 모가지의 뜰!
다 쓴 여인네의 분첩
긴 세월 몸을 담아오느라 닳아진
한 켤레 신발이 있다
아, 길이 끝난 곳에서도 적멸은 없다

살구꽃은 어느새 푸른 살구 열매를 맺고

외떨어져 살아도 좋을 일
마루에 앉아 신록에 막 비 듣는 것 보네
신록에 빗방울이 비치네
내 눈에 녹두 같은 비
살구꽃은 어느새 푸른 살구 열매를 맺고
나는 오글오글 떼지어 놀다 돌아온
아이의 손톱을 깎네
모시조개가 모래를 뱉어놓은 것 같은 손톱을 깎네
감물 들듯 번져온 것을 보아도 좋을 일
햇솜 같았던 아이가 예처럼 손이 굵어지는 동안
마치 큰 징이 한번 그러나 오래 울렸다고나 할까
내가 만질 수 없었던 것들
앞으로도 내가 만질 수 없을 것들
살구꽃은 어느새 푸른 살구 열매를 맺고
이 사이
이 사이를 오로지 무엇이라 부를 수 있을까
시간의 혀끝에서
뭉긋이 느껴지는 슬프도록 이상한 이 맛을

제2부

가죽나무를 사랑하였다

지난 여름 나는 가죽나무를 사랑하였다
늘 어둡고 눈이 침침하던 나무를 사랑하였다

지난 여름 나는 가죽나무를 사랑하였다
나무에서 둥지를 틀던 검은 소리들을 사랑하였다
말라붙은 우물처럼 알몸으로 그녀가 우는 것을 사랑하였다
매미의 뱃가죽보다 많이 주름진 그 소리들을 사랑하였다

사람을 온전히 사랑해본 바 없이 나는 가죽나무를 사랑하였다

반딧불이에게

내 어릴 적 처마 밑에는 아슬아슬한 빛들이 있어
누에의 눈 같기만 했던 빛들이 있어

빛보다 그림자로 더 오래 살아온 것들이 내 눈 속에 붐벼
나는 오늘 밤 그 가난한 가슴들에게로 가는 것인가
저릿저릿한 빛들에게로 가는 것인가

하늘궁전

목련화가 하늘궁전을 지어놓았다
궁전에는 낮밤 음악이 냇물처럼 흘러나오고
사람들은 생사 없이 돌옷을 입고 평화롭다

목련화가 사흘째 피어 있다
봄은 다시 돌아왔지만 꽃은 더 나이도 들지 않고 피어 있다
눈썹만한 높이로 궁전이 떠 있다
이 궁전에는 수문장이 없고 누구나 오가는 데 자유롭다

어릴 적 돌나물을 무쳐먹던 늦은 저녁밥때에는
앞마당 가득 한사발 하얀 고봉밥으로 환한 목련나무에게 가고 싶었다
목련화 하늘궁전에 가 이레쯤 살고 싶은 꿈이 있었다

개복숭아나무

  아픈 아이를 끝내 놓친 젊은 여자의 흐느낌이 들리는 나무다
  처음 맺히는 열매는 거친 풀밭에 묶인 소의 둥근 눈알을 닮아갔다
  후일에는 기구하게 폭삭 익었다
  윗집에 살던 어름한 형도 이 나무를 참 좋아했다
  숫기 없는 나도 이 나무를 좋아했다
  바라보면 참회가 많아지는 나무다
  마을로 내려오면 사람들 살아가는 게 별반 이 나무와 다르지 않았다

동천(東天)

 산을 지고 앉은 그 집에서는 밤새 징소리가 끊이질 않았다
 아랫마을에서 온 하얀 노파가 그 집 대문을 나온 후 굿이 멎었다
 작은 다리 아래서 뱀의 차가운 허물 같은 연기가 피어올랐다
 쪼그려 앉아 묵은 옷가지를 태우는 여인이 있었다
 별은 오래 묵은 여관처럼 하늘에 오래 있었으나 근심처럼 몸이 차갑고
 풋내 나는 하늘이 트자 어슬어슬 저 건너 세상으로 사라지고 있었다

와글와글와글와글와글

고샅을 돌아 부푼 달 아래 걷는데
거뭇거뭇한 논배미에서
한 뭉테기로 와글,
귀를 촘촘하게 열었더니
논개구리들이
와글와글와글와글와글
와글와글와글와글와글
이 봄밤에 방랑악사들이
대고를 두드리는데
참 멋진 춘화 한장입니다
온 우주가 잔뜩 바람난 꽃입니다

화령 고모

집들은 뒤란을 보여주기 싫어하고 사람은 낯빛을 숨기길 좋아한다
그러나 나는 뒤란이 넓은 집을 보았으니 화령 고모네 집터였다
화령에서 남의 담배농사를 짓는 고모
내 숨결이 꺼져가는 화톳불같이 아플 때
머위잎처럼 품어주던,
몸에서는 가뭄 끝 개울 물비린내 나던 고모
언제나 낯빛이 늙어
낯빛에 검고 서늘한 뒤란이 드러나던 고모
보름 지나 이지러지는 달을 마당에서 보는데
보름 이후의 달은 왜 고모처럼 슬퍼지는 걸까

우물이 있던 자리

　이제서는 수령이 꽤나 되어서 깊은 그늘을 데리고 사는 감나무 터가 말하자면
　아버지가 찾던 우물 자리였는데
　나에게는 아버지가 10년 전쯤부터 입때껏 감나무 터 그 자릴 파고 계셨던 것이었다
　처음엔 한 사흘 그러려니 했는데
　무 구덩이의 깊이를 지나 아버지는 아버지의 키를 세 번이나 세우면서 땅 아래로 들어갔다
　달무리처럼 둥글게 땅이 트이면서 그 속을 아버지는 드나들었는데
　음력 초아흐레에 시작된 우물 파기는 스무날이 지나서야 끝이 났다
　그리고 그럴 줄은 알았지만 그 우물 자리는 깊은 정이 없었던지 이레 만에 메워졌다
　오늘 내가 우물이 있던 자리에 가보니 달무리 아래 서 있는 감나무가 땅을 움켜쥐고 있었다

봄날 지나쳐간 산집

한채의 햇살에 끌려 나는 오후의 산집으로 갔습니다

뜨락에 산도라지가 말라가고 검고 마른 탱자나무에 습하고 푸른 빛이 맴도는 집
그 산집에서
내 뜰과 울타리에도 마르고 곧 젖는 것들이 있음을 알았습니다

햇살이 촬촬 끓는 마루에서 흰 찔레꽃처럼 웃는 여자를 만났습니다
여자는 가는 실을 실꾸리에 감아 옮기고 있었습니다
여자의 볼에 붉은 무덤이 쌓였다 허물어지는 걸 보았습니다
봄꽃이 지면 나무는 또 숲으로 가고
작은 무덤들 붉은 흙 위로도 들쑥이 돋아날 줄 압니다

그러나 참 오래되었지요,

저 멀리서 밀려오는 산그림자를 마중 나가본 지도.
산그림자에 장지문을 걸어 잠그는 마음의 곳집에 가본 지도.

큰물이 나가셨다

  큰비 지나간 개천은 가리워진 곳 없어서 마름풀들은 얽히었다
  작은 소에서 놀던 물고기들은 소식 없이 흩어졌다
  들길에는 띠풀이 다보록해졌다
  무너진 고랑에서 일하는 사람들 이맛살에 주름이 들었다
  젖은 집으로 어물어물 돌아가는 저녁 거위들이 있었다

  사람들은 큰물이 나가셨다, 했다

붉은 동백

신라의 여승 설요는 꽃 피어 봄마음 이리 설레 환속했다는데
나도 봄날에는 작은 절 풍경에 갇혀 우는 눈먼 물고기이고 싶더라
쩌렁쩌렁 해빙하는 저수지처럼 그렇게 큰 소리는 아니어도
봄밤에는 숨죽이듯 갇혀 울고 싶더라
먼발치서 한 사람을 공양하는 무정한 불목하니로 살아도
봄날에는 사랑이 살짝 들키기도 해서
절마당에 핀 동백처럼 붉은 뺨이고 싶더라

흰 자두꽃

 손아귀에 힘이 차서 그 기운을 하얀 꽃으로 풀어놓은 자두나무 아래
 못을 벗어나 서늘한 못을 되돌아보는 이름 모를 새의 가는 목처럼
 몸을 벗어나 관으로 들어가는 몸을 들여다보는 식은 영혼처럼
 자두나무가 하얀 자두꽃을 처량하게 바라보는 그 서글픈 나무 아래
 곧 가고 없어 머무르는 것조차 없는 이 무정한 한낮에
 나는 이 생애에서 딱 한번 굵은 손뼈마디 같은 가족과 나의 손톱을 골똘히 들여다보고 있는 것이었다

산모롱이 저편

 산모롱이 한 굽이 돌아 당신을 만나러 간다. 당신의 희미하고 둥근 눈썹을 예전에 내가 어루만지기나 하듯이 꺼져가는 달을 어루만지는 허공, 저렇게 오래 배웅하는 것도 큰 상처가 될 것이다. 잠깐 눈발은 그쳐 있다. 산새가 다시 운다. 울음이 성성하다. 나와 당신 사이에 싸락눈에 묻힐 산모롱이가 한 굽이 있다.

꽃과 사랑

너럭바위 옆에 세 개의 꽃이 피어 있었다
하체가 남루한 꽃이었다
아슴아슴한 햇살을 큰 꽃이 나누어주고 있었다
나는 허름한 식당에서 젊은 아들이 밥 먹는 걸 나무의 밑동 같은 눈빛으로 지켜보던 주름이 많은 아버지를 보았던 적이 있다

배꽃 고운 길

봄이 되면 자꾸 세상이 술렁거려 냄새도 넌출처럼 번져가는 것이었다

똥장군을 진 아버지가 건너가던 배꽃 고운 길이 자꾸 보이는 것이었다

땅에 묻힌 커다란 항아리에다 식구들은 봄나무의 꽃봉오리처럼 몸을 열어 똥을 쏟아낸 것인데

아버지는 봄볕이 붐비는 오후 무렵 예의 그 기다란 냄새의 넌출을 끌고 봄밭으로 가는 것이었다

그러곤 하얀 배밭 언덕 호박 자리에 그 냄새를 부어 호박넌출을 키우는 것이었다

봄이 되면 세상이 술렁거려 나는 아직도 봄은 배꽃 고운 들길을 가던 기다란 냄새의 넌출 같기만 한 것이었다

장대비 멎은 소읍

 땅이 소란스러운 때를 보냈으니 누에가 갉아먹다 남긴 뽕잎 같다
 장대비가 다녀가셨다
 복사꽃처럼 소담한 놈도 개중에는 있었고
 귓불이 도톰하고 거위 소리처럼 굵은 울대를 가진 놈도 다녀가셨다
 비 내린 땅은 돌꽃마냥 곳곳이 파인 얼굴이다
 팔랑팔랑 하얀 나비 새로이 나는 것으로 장대비 멎은 줄 아는 것이지만
 집을 주섬주섬 나오는 촌로들은 늙고 초췌하다

은못이 마을에서

나비
상한 꽃 둘레를 나비가 날고 있습니다

저 병을 다 가져와 세상을 접었으면, 하는
나비의 마음

주련(柱聯)
여치 소리는 가을 당집의 주련

어떻게 읽어도 좋습니다
오래 읽으면
오래 읽으면
글자가 또렷하게 박혀 있습니다

여치가
내 마음의 윗목에서 웁니다

동공(瞳孔)
암자에 묵으며
도토리들이 져내리는 소릴 듣습니다

저것들은 나무에게
나무의 동공이어서
일생에 한번 툭 터지는 슬픔이어서

작은 독에 당신을 담았습니다

별리(別離)
웅얼웅얼거리기만 해서 그 뜻을 한번도 남에게 말하지 못한 뭇별들을 보았습니까
 겨울 햇살에 혀가 타는 마른풀 위의 서릿발을 보았습니까
 천년 햇살에 살이 살살 녹아내려 낯이 뭉개진 봉녕사

미륵 부처를 보았습니까

  오늘은 내가 당신을 떠나갑니다

나무다리 위에서

풀섶에는 둥근 둥지를 지어놓은 들쥐의 집이 있고
나무다리 아래에는 수초와 물고기의 집인 여울이 있다

아아 집들은 뭉쳐 있는 모습을 보여주는 것이었으나
높고 쓸쓸하고 흐른다

나무다리 위에서 나는 세월을 번역할 수 없고
흘러간 세월을 얻을 수도 없다

입동 지나고 차가운 물고기들은 생강처럼 매운 그림자를 끌고
내 눈에서 눈으로 여울이 흐르듯이
한 근심에서 흘러오는 근심으로 힘겹게 재를 넘어서고 있다

당신이 죽어나가는 길을 내가 떠메고

  당신이 죽어나가는 길을 내가 떠메고 갑니다
  그 길은 멀어서 쑥이 많이도 피었습니다
  당신이 이녘에서 지게를 지고 다니면서 한숨을 내려놓던 들길이며 돌꽃 핀 돌비석 앞이며 오래도록 물이 흘러가는 걸 바라보았을 나무다리며 깊게 파인 눈두덩 같은 살구나무 그늘이며 깊은 못가를 지나갑니다
  당신을 위해 상여를 멈추었다 갑니다
  죽음은 달그림자가 못에 잠기는 것*
  젖을 듯 말 듯 산그림자 속으로 당신은 잠기어갑니다

  * 고려 나옹 스님의 열반송.

맷돌

마룻바닥에 큰 대자로 누운 농투사니 아재의 복숭아뼈 같다
동구에 앉아 주름으로 칭칭 몸을 둘러세운 늙은 팽나무 같다
죽은 돌들끼리 쌓아올린 서러운 돌탑 같다
가을 털갈이를 하는 우리집 새끼 밴 염소 같다
사랑을 잃은 이에게 녹두꽃 같은 눈물을 고이게 할 것 같다
그런 맷돌을, 더는 이 세상에서 아프지 않을 것 같은 내외할머니가 돌리고 있다

옛 집터에서

　외할머니가 홀깨로 훑은 벼처럼 세월의 흔적이 그러하다
　인기척 없고 뜰팡 하나 없이 집터만 남은 세월
　십년 동안의 몽유
　봄날 미나리꽝을 지나가는 텃물에 손목을 담근 것 같다
　내 몸을 눕히면 봄볕을 받아주던 마루
　깊은 젖가슴을 드러내던 아궁이
　한때 이곳은 꽃의 구중궁궐이었으나

제3부

꽃 진 자리에

생각한다는 것은 빈 의자에 앉는 일
꽃잎들이 떠난 빈 꽃자리에 앉는 일

그립다는 것은 빈 의자에 앉는 일
붉은 꽃잎처럼 앉았다 차마 비워두는 일

팥배나무

　백담사 뜰 앞에 팥배나무 한 그루 서 있었네

　쌀 끝보다 작아진 팥배들이 나무에 맺혀 있었네

　햇살에 그을리고 바람에 씻겨 쪼글쪼글해진 열매들

　제 몸으로 빚은 열매가 파리하게 말라가는 걸 지켜보았을 나무

　언젠가 나를 저리 그윽한 눈빛으로 아프게 바라보던 이 있었을까

　팥배나무에 어룽거리며 지나가는 서러운 얼굴이 있었네

유천(流川)

밤에 논두렁에 나가
논개구리들 우는 것 듣는다

허공에
두개골들

무량하다

섬으로 살았으나
돌처럼 두문불출했으나

나에게도
송사리 눈 같은
아이가 둘
우는 아이가 둘

나에게 그랬던 것처럼

물로 빚은 것들이 울고
새되게 울고

돌려보낼 수 없구나
이 소리의 유천(流川)을

유천은 하늘에서
빼곡히 내려왔다

탱자나무 흰 꽃

들마루 양지녘에 오늘 나앉았다가
문득,
탱자나무 가시 사이
흰 꽃 핀 것 알았다
응달에,
부엉이의 눈 같기만 한
탱자나무 흰 꽃송이
꽃이 슬퍼 보일 때가 있다

다방에서 대낮에 부는 눈보라를 보았다

  대낮에 이층 다방에 앉아 있는데 창에 느닷없이 눈보라가 불어닥쳤다
  내가 살던 동네 어른들 얘길 빌리자면
  환한 대낮에 불어닥치는 눈보라는 혼사가 있는 집 새색시가 머잖아 미칠 거라는 불길한 징조라는데
  괜히 나는 궁싯거리며 혀도 한바탕 차보며 눈보라 속을 들여다보는 것이었다
  어느 먼 산마루에서부터 이곳까지 불어온 눈보라도 이곳의 공간이 낯선 듯
  땅에 내려앉지 못하고 공중에 하얀 아욱꽃처럼 가련하게 멈칫멈칫 흐드러지는데
  그러고 보면 나도 내 의지대로 이곳까지 살아온 것은 아니었다고 자책하는 마음이 들기도 하는 것이었는데
  그래도 대낮에 불어닥치는 눈보라는 머잖아 미칠 걸 알면서 혼사를 치르는 딱한 새색시 같다는 생각이 떠나지 않는 것이었다

역전 이발

때때로 나의 오후는 역전 이발에서 저물어 행복했다

간판이 지워져 간단히 역전 이발이라고만 남아 있는 곳
역이 없는데 역전 이발이라고 이발사 혼자 우겨서 부르는 곳

그 집엘 가면 어머니가 뒤란에서 박 속을 긁어내는 풍경이 생각난다
마른 모래 같은 손으로 곱사등이 이발사가 내 머리통을 벅벅 긁어주는 곳
벽에 걸린 춘화를 넘보다 서로 들켜선 헤헤헤 웃는 곳

역전 이발에는 세상에서 가장 낮은 저녁빛이 살고 있고
말라가면서도 공중에 향기를 밀어넣는 한송이 꽃이 있다

그의 인생은 수초처럼 흐르는 물 위에 있었으나

구정물에 담근 듯 흐린 나의 물빛을 맑게 해주는 곱사등이 이발사

저녁에 섬을 보다

저녁에
물결의 혀를 빌려 조금씩 고운 모래톱을 바깥으로 밀어내놓은 작은 섬을 바라본다
외부에서 보는 섬은
새뜰로 가는 길에 있던 돌비석이 들려주는 옛날 이야기 같기도 하고
뒷마당에서 시득시득 말라가다 천천히 무너져내리는 나뭇동 같기도 한데
저녁에
조금씩 바깥으로 흘려보내는 것들을 보는 일은 참으로 슬픈 일이다

혀

잠자다 깬 새벽에
아픈 어머니 생각이
절박하다

내 어릴 적
눈에 검불이 들어갔을 때
찬물로 입을 헹궈
내 눈동자를
내 혼을
가장 부드러운 살로
혀로
핥아주시던

붉은 아궁이 앞에서
조속조속 졸 때에도
구들에서 굴뚝까지
당신의 눈에

불이 지나가고

칠석이면
두 손으로 곱게 빌던
그 돌부처가
이제는 당신의 눈동자로
들어앉아서

어느 생애에
내가 당신에게
목숨을 받지 않아서
무정한 참빗이라도 될까

어느 생애에야
내 혀가
그 돌 같은
눈동자를 다 쓸어낼까

목을 빼고 천천히
울고, 울어서
젖은 아침

중심이라고 믿었던 게 어느날

못자리 무논에 산그림자를 데리고 들어가는 물처럼
한 사람이 그리운 날 있으니

게눈처럼, 봄나무에 새순이 올라오는 것 같은 오후
자목련을 넋 놓고 바라본다

우리가 믿었던 중심은 사실 중심이 아니었을지도
저 수많은 작고 여린 순들이 봄나무에게 중심이듯
환약처럼 뭉친 것만이 중심은 아니라는 생각이 들었다

나의 그리움이 누구 하나를 그리워하는 그리움이 아닌지 모른다
물빛처럼 평등한 옛날 얼굴들이
꽃나무를 보는 오후에
나를 눈물나게 하는지도 모른다

그믐밤 흙길을 혼자 걸어갈 때 어둠의 중심은 모두 평

듯하듯
 어느 하나의 물이 산그림자를 무논으로 끌고 들어갈 수 없듯이

그믐이라 불리던 그녀

옻처럼 검고 얼음처럼 차디차지만
얼굴에는 개미굴이 여럿 나 있지만
다리는 사슴보다 야위었지만
그녀의 너른 속뜰로 들어가
마음이 쉬어가는 날이 많았다
나는 그 이상한 평온을 슬픈 그믐이라 불렀다
조모를 열다섯살 때 마지막으로 보았다

강을 건너가는 꽃잎처럼

강을 건너가는 꽃잎들을 보았네
옛 거울을 들여다보듯 보았네
휘어져 돌아나가는 모롱이들
울고 울어도 토란잎처럼 젖지 않는 눈썹들
안 잊혀지는 사랑들
어느 강마을에도 닿지 않을 소식들

나 혼자 꽃 진 자리에 남아
시원스레 잊지도 못하고
앓다가 귀를 잃고
강을 건너가는 꽃잎들을 보았네

강을 건너가는 꽃잎 꽃잎들
찬비에 젖은 머루 같은 눈망울들

묵언(默言)

절마당에 모란이 화사히 피어나고 있었다
누가 저 꽃의 문을 열고 있나

꽃이 꽃잎을 여는 것은 묵언

피어나는 꽃잎에 아침 나절 내내 비가 들이치고 있었다
말하려는 순간 혀를 끊는
비

여름밭

여름에는 한두 평 여름밭을 키운다
재는 것 없이 막행막식하고 살고 싶을 때 있지
그때 내 마음에도 한두 평 여름밭이 생겨난다
그냥 둬보자는 것이다
고구마순은 내 발목보다는 조금 높고
토란은 넓은 그늘 아래 호색한처럼 그 짓으로 알을 만들고
참외는 장대비를 꽉 물어삼켜 아랫배가 곪고
억센 풀잎들은 숫돌에 막 갈아 나온 낫처럼 스윽스윽 허공의 네 팔다리를 끊어놓고
흙에 사는 벌레들은 구멍에서 굼실거리고
저들마다 일꾼이고 저들마다 살림이고
저들마다 막행막식하는 그런 밭
날이 무명빛으로 잘 들어 내 귀는 밝고 눈은 맑다
그러니 그냥 더 둬보자는 것이다

연인들

바람이 건너오고 있었다
마른 벼루에 먹물이 번지고 있었다
바람들이 건너오고 있었다
무리로 돌아오고 있었다
연밭 가득 연잎들이 홍성거리고 있었다
얼마나 아름다운가,
어슷비슷한 바람들 속에서도 한 사람만을 알아보는 서
글서글한 연잎들의 눈망울은
저 천수(千手) 바라는
허공 속으로 깊이 번지는 둥근 소리들은

대나무숲이 있는 뒤란

처음 이곳에 대나무숲을 가꾼 이 누구였을까
푸른 대나무들이 도열한 창기병 같다
장독대 뒤편 대나무 가득한 뒤란
떠나고 이르는 바람의 숨결을
공적(空寂)과 파란(波瀾)을 동시에 읽어낼 줄 안 이 누구였을까
한채 집이 할머니 귓속처럼 오래 단련되어도
이 집 뒤란으로는 바람도 우체부처럼 오는 것이니
아, 그 먼 곳서 오는 반가운 이의 소식을 기다려
누군가 공중에 이처럼 푸른 여울을 올려놓은 것이다

동구(洞口)

아주 오래된 사랑이 있어요
마루와 섬돌의 관계라고 하면 어떨까요
이삭에서 좀체 안 떨어지는 조처럼 아주 가까운 사랑이 있어요
고사리 몇 이엉을 인 기왓집 과부를 닷새장으로 풀어주고
북어 한쾌를 들고 잔뜩 취한 마상의 김씨를 꿍, 마실로 들여주는
꼭 호박잎 같은
그런 사랑이
우리네 세월 그 길목에 있어요

나는 심장을 바치러 온다*

나는 심장을 바치러 온다
호두나무 잎에 어둠이 뭉쳐 있을 때 그 끝에서 새벽을 기다리는 외로운 산까치처럼 나는 살아왔다
거친 꽃을 내뱉으며 늙은 영혼의 속을 꺼내 보이는 할미꽃처럼 나는 살아왔다
그러나,
허물을 벗어놓고 여름을 우는 매미처럼
하나의 열망으로 노래하리니
꾹꾹 허공에다 지문을 눌러찍으며 물결쳐가는 노래여
절절 끓는 아랫목으로 불 들어가듯 가는 노래여
더 슬픈 노래여
나는 이제 심장을 바치러 온다

* 스페인 여가수 마리나 로쎌(Marina Rossell)의 노래. "가난한 이들의 달은 항상 열려 있다. 나는 심장을 바치러 온다. 바꿀 수 없는 문서처럼 나는 내 심장을 바치러 온다."

저물어가는 강마을에서

어리숙한 나에게도 어느 때는 당신 생각이 납니다
당신의 눈에서 눈으로 산그림자처럼 옮겨가는 슬픔들

오지항아리처럼 우는 새는 더 큰 항아리인 강이 가둡니다

당신과 나 사이
이곳의 어둠과 저 건너 마을의 어둠 사이에
큰 둥근 바퀴 같은 강이 흐릅니다

강 건너 마을에서 소가 웁니다
찬 강에 는개가 축축하게 젖도록 우는 소를 어찌할 수 없습니다
낮 동안 새끼를 이별했거나 잃어버린 사랑이 있었거나
목이 쉬도록 우는 소를 어찌할 수 없습니다
우는 소의 희고 둥근 눈망울을 잊을 수 없습니다

어리숙한 나에게도 어느 때는 당신 생각이 납니다

뻘 같은 그리움

그립다는 것은 당신이 조개처럼 아주 천천히 뻘흙을 토해내고 있다는 말

그립다는 것은 당신이 언젠가 돌로 풀을 눌러놓았었다는 얘기

그 풀들이 돌을 슬쩍슬쩍 밀어올리고 있다는 얘기

풀들이 물컹물컹하게 자라나고 있다는 얘기

해설

풍경의 내력

이희중

  문태준의 시를 읽으면, 흙먼지 뒤집어쓴 시골 찻길이 생각난다. 그가 나고 자란 곳과 내가 나고 자란 곳은, 같은 철도가 지나가는 비슷한 규모의 작은 도시로 서로 대략 300리를 격해 있어 아주 멀다 할 수는 없으나 강산이 다른 세월을 살았으므로 시인이 보고 기억한 풍경과 내가 기억하는 풍경이 똑같다고 고집할 수는 없다. 그러나 흙먼지 날리는 비포장 시골길 풍경이 1980년대까지 온존했던 것을 생각하면, 내가 본 60년대와 시인이 본 70년대 풍경이 많이 다르지는 않았을 성싶다. 그 길은 1.5차선 정도로 버스 두 대가 지나치기는 쉽지 않을 너비였고, 길가 미루나무와 '점방'들은 사철 흙먼지로 뒤덮여 있었다. 버스는 자갈을 튕기며 먼지를 피우며 달렸고, 그 먼지는 멀리서도 보여 차가 가는 표시가 되곤 했다. 귀가 밝은 이는 30리 밖의 버스 소리도 듣던 시절이었다.

그 또래 시인 중 비단 문태준만 이런 풍경을 보고 자랐을 리는 없는데 유독 그만 이 기억을 시의 중요한 바탕으로 삼고 있다. 큰 도시에 나와 어지간히 배웠고 같은 큰 도시에서 일터를 잡아 잘 어울려 사는 시인이 한사코 이 오랜 풍경을 되새기는 까닭과, 독자들이 그가 시에 옮긴 풍경을 놀라워하며 함께 사랑하게 되는 까닭은 또한 무엇인가.

우리는 풍경을 장만하는 문태준의 빼어난 수완을 잘 알고 있다. 등단 이후 발표한 일련의 작품들과, 네 해 전 펴낸 첫 시집 『수런거리는 뒤란』을 통해서이다. 그는 내면의 저장고에 새겨진 농경 사회의 풍물과 경험을 직조해 독자의 눈에 익으면서도 눈에 익지 않은 풍경을 만든다. 앞의 눈은 재료를 보는 눈이고, 나중의 눈은 시를 보는 눈이다. 농촌에서 나고 자랐으나 이미 오래전 그곳을 떠났고, 현재 대도시에 일터와 집을 둔 젊은 시인이 선택한 이 '낡은' 방식의 시 쓰기는 문제적인 면이 없지 않다.

문태준의 풍경에는 사람의 숨결이 있다. 그의 풍경은

사람의 모습을 돋보이게 하기 위해 선택된 것이라고 할 수 있다. 그의 시에서 풍경과 사람은 분리되지 않는다. 사람의 자리를 마련해둔다는 점에서 그의 풍경은 동양화의 전통과 다르지 않다. 사람이 자연물 근처 어디에 겨우 있는 정도가 아니라 중심을 차지하는 수가 많다는 점에서 풍속화에 가깝다고 해도 좋으리라. 풍경과 그 세부인 사물에서 사람의 기척, 삶의 흔적을 찾는 특징은, 멀리서 스님이 보낸 햇차를 끓이면서 "누가 나에게 이런 간곡한 사연을 들으라는 것인가"(「햇차를 끓이다가」)라고 생각하는 대목에서 우회적으로 확인된다. 그 '간곡한 사연'은 말리고 비틀린 찻잎이 더운 물 속에서 풀어지는 형상에서 유추된 것이다.

한 시인의 시만으로 묶인 낱권의 시집이 다 그렇지는 않지만, 서로 유기적으로 연결된 시편들을 모은 시집에는, 같은 시집에 실린 다른 시를 읽는 길을 열어주는 시편, 말하자면 '열쇠 작품'이 있는 수가 있다. 물론 이 작품의 선택이나 발견도 주관에 좌우되는 것일 테지만, 어쨌거나 이 '열쇠 작품'을 찾으면 한권의 시집을 하나의 큰 세계로 읽을 수 있으며, 재미있게 읽는 길이 열린다는 점에서 의의를 찾을 수 있다. 나는 문태준의 두번째 시집 『맨발』에서 그 열쇠 작품으로 「역전 이발」을 고른다.

때때로 나의 오후는 역전 이발에서 저물어 행복했다

간판이 지워져 간단히 역전 이발이라고만 남아 있는 곳
역이 없는데 역전 이발이라고 이발사 혼자 우겨서 부르는 곳

그 집엘 가면 어머니가 뒤란에서 박 속을 긁어내는 풍경이 생각난다
마른 모래 같은 손으로 곱사등이 이발사가 내 머리통을 벅벅 긁어주는 곳
벽에 걸린 춘화를 넘보다 서로 들켜선 헤헤헤 웃는 곳

역전 이발에는 세상에서 가장 낮은 저녁빛이 살고 있고
말라가면서도 공중에 향기를 밀어넣는 한송이 꽃이 있다

그의 인생은 수초처럼 흐르는 물 위에 있었으나
구정물에 담근 듯 흐린 나의 물빛을 맑게 해주는 곱

사등이 이발사

— 「역전 이발」 전문

이 시는 과거 소읍 어디나 있었을 법한, 지금도 없지는 않을 법한 동네 이발소를 소재 공간으로 삼고 있다. 시인은 편안한 말투로 기억의 창고에서 평범한 공간의 평범한 정경을 재생하고 있는 것이다. 우선 그곳이 과거의 자신에게 행복한 느낌을 안겨준 곳임을 밝히고, 친절하게 그 가게 이름을 풀어준다. 역이 없는 동네에 자리잡은 이발소에 '역전'이라는 이름을 붙이고 싶었던 이발사의 마음은 '역전'이라는 말에 대한 단순한 집착으로 보아도 좋을 것이다. 근대적 풍물에 대한 호감의 단순성이 다시 이 시에서 독자의 웃음을 자아내는 풍물이 되었다.

이제 시인은 이발소 안으로 들어간다. 그리고 두 가지 중요한 그림을 보여준다. 하나는 이발사가 이발을 다 한 후 손님의 머리를 감기면서 손이나 다른 도구로 머리를 벅벅 긁는 장면이며, 다른 하나는 이발소에 흔히 걸리던 그림 또는 액자이다. 어른, 아이가 두루 드나드는 동네 이발소에 흔했던 뻔한 이른바 '이발소 그림'이 아니라, '춘화'가 걸려 있었다는 말은 약간 이상하다. 그러나 다시 생각해보자. 당시 어린 시골소년인 시인의 눈에 '춘화'처럼 보였고 그렇게 기억될 뿐, 사실 그 그림은 그저 조금 야한 여인의 초상이나 사진이 아니었겠는가. 어쩌면 여인의 나체를 그린 '명화'였을지도 모를 일이다.

 이제 시인은 그 별스러울 게 없는 공간의 의미를 다시 한번 새긴다. 그곳에 "세상에서 가장 낮은 저녁빛이 살고 있"다는 말은 우선 햇살이 가장 늦게까지 비쳐드는, 이를테면 서향집이라는 뜻일 수 있으며, 나아가 제1연에서 보았듯 시인이 기억하는, 그 공간에 가장 익숙한 시각이 저녁 무렵이라는 뜻일 수도 있다. 말라가는 꽃의 존재 또한, 이발소에 걸린 마른 꽃이라는 가벼운 의미에서, 시인의 추억 속에서 아직 향기를 다하지 않은 꽃이라는 의미까지 품고 있는 것이다. 마지막 연에서 시인은 시의 초점을 이발소라는 공간을 지배하는 사람에게로 옮긴다. 이발사의 삶은 평범함을 벗어난 것이 아니었으나 시인의 추억 속에서 삶의 긍정적 의미를 환기하는 계기가 되어왔음을 현재시제로 밝히고 있다. 이 시에는 세세한 체험의 결을 매만지며, 이를 편안하고 쉬운 말투로 엮어내는 창작 주체의 따뜻한 손길이 있다.

 풍경을 생산하는 시인의 독특한 재주에서 더 나아가 이 시를 주목할 만한 다른 이유는 이 시에, 새 시집의 몇몇 굵직한 줄기를 가늠할 단서들이 있기 때문이다. 그 세목을 들면, 첫째, 시인이 저녁 무렵을 애호한다는 점, 둘째, 인생 또는 세월에 대한 일말의 무상감을 드러낸다는 사실, 셋째, 낡거나 사라져가는 것들을 향한 시인의 시선과 추억 속의 풍경을 되새기는 이유가 드러난다는 점, 넷째 어머니의 세계로 수렴되는 상상력의 흔적 등이다.

하루 중 해질 무렵을, 일년 중 가을 무렵을 좋아하는 것은 사람들에게 두루 공통된다고 말할 수 있다. 다만, 기억 속의 풍경을 되새기는 시인의 성향에 유의할 때 시에 시각이 명기되는 사례로 밝혀두는 뜻은 있을 것이다. 위 시에서는 제1연과 끝연에서 '저물다' 또는 '저녁'의 시각이 표시되는데, '저녁'으로만 찾아보자면 "산그림자가 서서히 따오기의 발목을 흥건하게 적시는 저녁이었습니다"(「따오기」), "어두워지는 저녁에 뜨락 위 한 켤레 신발을 바라본다"(「뜨락 위 한 켤레 신발」), "어릴 적 돌나물을 무쳐먹던 늦은 저녁밥때에는"(「하늘궁전」), "젖은 집으로 어물어물 돌아가는 저녁 거위들이 있었다"(「큰물이 나가셨다」) 등의 사례들이 있다.

끝연 첫행, "그의 인생은 수초처럼 흐르는 물 위에 있었으나"에서 인생 또는 세월에 대한 시인의 생각을 읽을 수 있다. 이와같은 생각은 몇몇 시에서 드러나 있으나 전면적인 회의나 허무의 표시라고 볼 정도는 아니다. 다만,

한 인간의 생애가 빠르고 덧없이 흘러간다는 점을 주목하고 있지만, 문태준의 시적 사유 속에서 삶의 의미는 한 개체의 삶에 닫혀 있는 것이 아니다. 이는 뒤에서 좀더 자세히 살펴볼 것이다.

이미 낡거나 사라져가는 것을 보는 시인의 눈길은, 주로 지난 경험을 반추하는 그의 특성에 비출 때 쉽게 눈에 띄는 만큼 중요한 것이기도 하다. 제1연에서 당시 시인의 행복감은 문면으로 보아 과거의 느낌이지만, 추억하는 현재의 느낌과 다르다고 하기 어렵다. 제2, 3연에서 공간의 안과 밖을 묘사하는 시인의 기분 또한 발랄하고 유쾌한 당시의 감정을 되밟고 있음을 알기는 어렵지 않다. 제4, 5연은 여태껏 진행된 기억 재생이 그 주체에게 무엇을 선사하는지를 우회적으로 보여준다. 시인은 그 공간에서 "세상에서 가장 낮은 저녁빛이 살고 있"음을, 그곳에 "말라가면서도 공중에 향기를 밀어넣는 한송이 꽃이 있"음을 알고 있다. 이는 시인이 생각하는 추억의 의미를 설명해준다. 끝연에서 "구정물에 담근 듯 흐린 나의 물빛을 맑게 해주는" 대상은 바로 그 이발사이면서, 그가 포함된 밝고 건강한 삶의 풍경 전체가 될 수 있다. 이 찬사는 그들에게 보내는 시인의 답례인 것이다. 이 구절이 지시하는 정화(淨化)의 기능은, 과거 체험의 시간이 아닌

추체험, 곧 재생의 시간에 이루어진 현재의 몫이다.

'어머니의 세계'는 고유명사로서 어머니와, 보통명사로서 어머니를 아우른 여성들의 공간이며, 이는 문태준의 시에서 '뒤란'으로 상징된다. '뒤란'은 첫 시집의 표제에서도 보듯 지속적으로 시인의 시세계를 지탱하는 줄기가 되고 있다. 이 여성들의 세계는 가족 공동체의 중심을 형성한다. 위에서 읽은 시는 가족 공동체 또는 '뒤란'의 세계를 직접 다루고 있지는 않으나, 다른 주제의 시에서는 시인이 비유의 매개를 선택할 때 가족적 세계의 경험적 세목을 중요하게 검토하고 있음을 알려준다. 찾아보면, "예순 갑자를 돌아나온 아버지처럼/그 홍역 같은 삶을 한 호흡이라고 부르자"(「한 호흡」), "꿈은 멀어져가는 낮꿈은/친정 왔다 돌아가는 눈물 많은 누이 같다"(「짧은 낮잠」), "어두워지는 저녁에 뜨락 위 한 켤레 신발을 바라본다/언젠가 누이가 해종일 뒤뜰 그늘에 말리던 고사리 같다"(「뜨락 위 한 켤레 신발」) 등의 구절에서 가족 구성원이 나타난다.

"집들은 뒤란을 보여주기 싫어하고 사람은 낯빛을 숨기길 좋아한다/그러나 나는 뒤란이 넓은 집을 보았으니 화령 고모네 집터였다"라며 시인의 삶과 기억에 각인된 한 여인의 삶을 노래한 「화령 고모」, 직접적으로 여성적 세계의 깊은 유서와 속뜻을 아름답게 탐사하고 있는 「대나무숲이 있는 뒤란」 같은 작품들을 더 볼 수 있다. 후자에서 시인이, "한채 집이 할머니 귓속처럼 오래 단련되어도/이 집 뒤란으로는 바람도 우체부처럼 오는 것이니/아, 그 먼 곳서 오는 반가운 이의 소식을 기다려/누군가 공중에 이처럼 푸른 여울을 올려놓은 것이다"라고 노래할 때 일종의 비밀스런 폐쇄공간으로서 '뒤란'은 '대숲'이라는 '푸른 여울'을 통해 넓은 바깥으로 흘러나간다.

  시인의 시에서 가족은, 어머니를 중심으로 누이, 할머니, 고모 등으로 주로 구현되지만, 여성에만 국한되지는 않는다. 「배꽃 고운 길」이라는 작품에서는, 냄새 나는 똥장군을 지고 하얗고 향기로운 배꽃이 핀 길을 걸어 밭으로 가는 아버지의 모습을 통해, 봄날 농가의 정경을 아름답게 옮겨놓고 있다. 특히, "땅에 묻힌 커다란 항아리에다 식구들은 봄나무의 꽃봉오리처럼 몸을 열어 똥을 쏟아낸 것인데/아버지는 봄볕이 붐비는 오후 무렵 예의 그 기다란 냄새의 넌출을 끌고 봄밭으로 가는 것이었다/그러곤 하얀 배밭 언덕 호박 자리에 그 냄새를 부어 호박넌출을 키우는 것이었다"에서 보듯이 봄날의 화사한 풍경 속에 이어지던 똥냄새의 '넌출'이 결국 호박 '넌출'로 둔갑하는 비유는 기억할 만하다.

또한 어물 가게에서 우연히 보게 된 조개를 차분히 관찰하면서, 삶의 방법과 생계, 그리고 가족의 의미를 추적하는 「맨발」 또한 가족 공동체를 반영한 문태준의 시의 현재를 잘 드러낸다. 개조개에서 시인이 일차적으로 주목한 것은 '맨발'과 '속도'이다. 맨발은 껍질을 열고 바깥으로 내놓은 조개의 속살을 시인이 그렇게 부른 것이다. 그리고 호기심에 건드려본 그 살이 아주 천천히 움직이는 것을 보고 시인은 느린 '저 속도'에 주목한다. 이리하여 맨발과 느림은 어물전의 조개와 시인을 엮어주는 공통 조건이 되고, 시인의 짐작 속에서 조개의 삶은 시인의 삶으로 전이된다. 그래서 젊은날 사랑의 곡절과 가족의 생계를 위한 고난이 조개의 삶으로 반추되는 것이다.

    아— 하고 집이 울 때
    부르튼 맨발로 양식을 탁발하러 거리로 나왔을 것이다
    맨발로 하루 종일 길거리에 나섰다가
    가난의 냄새가 벌벌벌벌 풍기는 움막 같은 집으로 돌아오면
    아— 하고 울던 것들이 배를 채워
    저렇게 캄캄하게 울음도 멎었으리라

라고 시인이 조개의 지난날을 넘겨짚을 때, 이 짐작은 시인의 체험에서 우러나온 것이다. 그러나 이와같은 고달픔을 시인은 삶의 의지를 위협하는 절대적 고난이라고 생각하지 않는다. 이는 '뒤란'이 상징하는 여성의 세계, 나아가 가족 공동체에 대한 경험적 수긍과 존숭(尊崇)에 근거한다. 이는 다시 젊은날, 자신의 존재가 말미암은 근원을 향해 거슬러올라가던 시인의 관심이 이제 자신을 근원으로 삼은 새로운 생명을 향해 흘러내려가는 자연스런 변화로 구체화된다. 이 변화는 「팥배나무」 같은 시의,

　제 몸으로 빚은 열매가 파리하게 말라가는 걸 지켜보았을 나무

　언젠가 나를 저리 그윽한 눈빛으로 아프게 바라보던 이 있었을까

　팥배나무에 어룽거리며 지나가는 서러운 얼굴 있었네

라는 구절에서 보는 바와 같이, 혈육에 대한 연민으로 나

타나기도 한다. 백담사에서 만난 팥배나무에서 시인은 한 세대를 보았다. '나무'는 어버이이며 '열매'는 자식이다. 따라서 '열매'를 '나무'가 바라보듯이 '나'를 "그윽한 눈빛으로 아프게 바라보던 이", 곧 인용한 마지막 줄 "서러운 얼굴"은 그의 아버지와 어머니일 것이다. 마찬가지로, 나무가 자신의 꽃을 바라보는 시선을 가족 공동체적 유대와 감정으로 이해한 시,「흰 자두꽃」의 결구에서는 "나는 이 생애에서 딱 한번 굵은 손뼈마디 같은 가족과 나의 손톱을 골똘히 들여다보고 있는 것이었다"라고 노래하기도 한다. 이렇게 세대의 연속을 말하면서 '손톱'을 매개로 삼은 또다른 시,「살구꽃은 어느새 푸른 살구 열매를 맺고」의,

> 살구꽃은 어느새 푸른 살구 열매를 맺고
> 나는 오글오글 떼지어 놀다 돌아온
> 아이의 손톱을 깎네
> 모시조개가 모래를 뱉어놓은 것 같은 손톱을 깎네
> 감물 들듯 번져온 것을 보아도 좋을 일
> 햇솜 같았던 아이가 예처럼 손이 굵어지는 동안
> 마치 큰 징이 한번 그러나 오래 울렸다고나 할까
> 내가 만질 수 없었던 것들

앞으로도 내가 만질 수 없을 것들
　　살구꽃은 어느새 푸른 살구 열매를 맺고

라는 구절에서 시인은 예의, '나무'와 '열매'의 비유를 다시 보여준다. 그런데 이번에는 자신과 자신의 아이의 켤레이다. 그리고 성장의 과정을 '큰 징이 한번 오래 울린다'는 것으로 비유하고, 그 혈연적 유서를 "내가 만질 수 없었던 것들/앞으로도 내가 만질 수 없을 것들"로 노래한다. 이들 두 시에서 '손톱'은, 이빨과 함께 뼈의 한 부분 또는 뼈와 연결된 부분이라는 의미와, 천천히 진행되는 그러나 쉼이 없는 생명적 원리, 그리고 시간의 흐름을 기억하는 재료 또는 몸 등으로 다기하게 해석할 수 있다.

　시인의 영혼에 각인된 순정한 삶의 터전이 가족 공동체라는 사실은, 그가 성장한 가계의 내력과 지역의 문화적 특성, 그리고 개인적 성향이 두루 영향을 끼친 결과일 것이다. 그리고 강한 유대와 사랑으로 결속된 가족 공동체의 공간이, 시의 풍경을 구성하는 중요한 소품 또는 주역으로 채택되는 일은 자연스럽다. 살펴보면, 문태준이 살아 펄떡이는 물고기 같은 시를 건져 올리는 황금어장의 중심에 '뒤란'이 있다. 그리고 이 상징적 공간의 중심에 '어머니'가 있음을 다시 강조할 필요는 없을 것이다.

수사와 치장이 거의 없는 시, 「혀」에는 '어머니'와 시인의 관계를 직접 설명하는 날것의 체험이 있다. 이는, "잠자다 깬 새벽에/아픈 어머니 생각이/절박하다//내 어릴 적/눈에 검불이 들어갔을 때/찬물로 입을 헹궈/내 눈동자를/내 혼을/가장 부드러운 살로/혀로/핥아주시던"이라는 구절이 바로 그것이다. 어머니의 환우는 존재의 근거를 흔드는 사태이면서, 가족적 유대의 핵심을 위협하는 난국이다. 시인의 어머니는 어릴 적 시인의 영혼에 지워지지 않는 기억을 남겼다. 그것은 가족적 유대의 간절한 물증이면서, 유년기 행복 체험의 영원한 원형이 되는 것이다. 그래서 이 시의 마지막 연에서, "목을 빼고 천천히/울고, 울어서/젖은 아침"이라는 표현은 수사와 분식이 없기에 더한 감동을 준다.

  지금까지 문태준이 새롭게 장만한 풍경의 매력을 제대로 즐기기 위해 모색해보았다. 그러나 그 노력에 흡족스런 보람이 있는 것 같지는 않다. 오히려 서둘러 길을 잇다가, 홀로 아름답고 고고한 작품을 놓치기도 하였다. 「팽나무 식구」, 「산수유나무의 농사」, 「여울」, 「당신이 죽어나가는 길을 내가 떠매고」, 「옛 집터에서」, 「중심이라고 믿었던 게 어느 날」, 「여름밭」, 「동구(洞口)」 등의 작품들이 자랑하는 크고작은 아름다움에 대한 공감을 제대로 표시하지 못했다.

새 시집 『맨발』은 우리에게, 낡은 풍경을 낡지 않게 보여주는 독특한 방식이 여전히 문태준 시의 활력이며 그 파문의 중심임을 확인하게 한다. 또한 이 방식이 단순한 묘사의 독창성이나 수사적 취향에 기댄 것이 아니라, 훨씬 더 근원적인 체험의 깊이와 너비에서 연원함을 알 수 있었다. 아직 밝혀지지 않은 풍경의 안쪽, 그리고 그 너머를 탐사하는 일은 마르지 않는 샘으로 독자들 앞에 있다.

李熙中 | 시인·문학평론가

시인의 말

    당신의 발 아래 그곳에
    바람 한점 없어
    꽃그늘에
    제 몸의 그림자 속에
    져내린 붉은 꽃잎들
    당신의 발 아래 그곳에
    두려운 그곳에
    그렇게 소복하게 저물었다 가는 것들아!

  네 해 동안 꽃이랑 풀, 낯빛이 어두운 사람, 별과 여울, 미루나무를 만났다. 습지와 같은 그늘을 드리운, 낱낱이 오롯한 존재들을 만났다. 그들과의 대화가 이번 시집을 낳았다. 입아아입(入我我入)이다. 저것이 나한테 들어 있고, 내가 저것 속에 들어 있다. 나 아닌 것, 그러면서 동시에 나인 것들을 잘 섬기며 살아야겠다.
  한권의 시집을 묶으며 다시 읽어보니, 모시조개가 뱉어

놓은 모래알 같은 시들이다. 모래알 같은 시들이어서 손으로 쓸어모으기만 해도 입 안이 깔깔해진다.

  다만, 시 쓰는 일이 오래오래(久久) 해야 할 것임을 믿는다.

  가을이 가까워지니 눈동자가 맑아진다.

2004년 8월

문태준

창비시선 238

맨발

초판 1쇄 발행/2004년 8월 30일
초판 28쇄 발행/2025년 4월 18일

지은이/문태준
펴낸이/염종선
편집/고형렬 김정혜 문경미 안병률 김현숙
미술·조판/윤종윤 정효진 신혜원 한충현
펴낸곳/(주)창비
등록/1986년 8월 5일 제85호
주소/10881 경기도 파주시 회동길 184
전화/031-955-3333
팩시밀리/영업 031-955-3399 편집 031-955-3400
홈페이지/www.changbi.com
전자우편/lit@changbi.com

ⓒ 문태준 2004
ISBN 978-89-364-2238-7 03810

* 이 책은 대산문화재단의 '대산창작기금'을 받았습니다.
* 이 책 내용의 전부 또는 일부를 재사용하려면
  반드시 저작권자와 창비 양측의 동의를 받아야 합니다.
* 책값은 뒤표지에 표시되어 있습니다.